FSC
www.fsc.org
MIX
Papier aus verantwortungsvollen Quellen
Paper from responsible sources
FSC® C105338

Impressum

Herstellung und Verlag: BoD – Books on Demand, Norderstedt
ISBN: 9783758330636

Mail: buchautor-eckart.warnecke@posteo.de

Covergestaltung:
by Patrizia Jaster
jaster-werbeagentur.de

Text und Illustrationen im Buch
Eckart Warnecke

Facebook: eckart warnecke
Facebook: buddha-stones.de
Instagram: #buddha-stones
Instagram: eckart warnecke

1. Auflage Juli 2024

Frohgelaunt spazieren gehen

Lust auf Fahrten in den Süden

And'ren mal den Kopf verdrehen

Kraft, sie scheint nicht zu ermüden

Nachts manch' Blicke zu den Sternen

Nicht zu Haus die Zeit vergeuden

Träumen von gar manchen Fernen

Alles das sind Juli-Freuden

Einleitung

Nach meinen ersten Gedichtbänden, die sich um Oktober, November, Dezember und März drehten, habe ich hier die Energie des Sommers eingefangen. Die düsteren Zeiten hatten natürlich immer wieder angeregt, sich mit sich selbst und der Hoffnung auf „bessere Zeiten“ zu beschäftigen, nun fordern die warmen Tage im Gegensatz dazu zum Loslassen auf, zum entspannten Genuss der freien Stunden, zu frechen Blicken, zu Sommerflirts, Frohsinn und Auftanken des Gemüts.

Folglich geht es auch gleich im ersten Gedicht um das Thema „Sonne“; darum wie sie uns guttut, wie sie uns zur Leichtigkeit verführt. Die folgenden zwei Gedichte handeln dann davon, die schönen Momente des Lebens festhalten zu wollen oder von der Sehnsucht, sein verlorenes Lachen wiederzufinden. Unter dem Titel „Lobgesang nach ganz Oben“ spielt die Wirkung spiritueller Erfahrungen und die Erkenntnis, dass es über uns noch mehr gibt, als wir gemeinhin denken, die Hauptrolle.

Dieses Mal sind es 25 Gedichte – meine Idee war und ist es, die Anzahl mit jedem Band zahlenmäßig um ein weiteres Gedicht zu erweitern. Band eins hatte 21, jetzt der fünfte Band dementsprechend 25; jeder Band mit der zugehörigen

Energie des jeweiligen Monats. Folglich dürfen beim Juli hier die Themen Leichtigkeit, Sommergewitter, das Wach-Liegen in schwülen Nächten sowie das Erfahren von Glück und Liebe nicht fehlen. Dennoch sollten wir dabei auch unsere Ahnen nicht vergessen, die seelische Rückbesinnung, den Kontakt zu Gott und natürlich den Umstand, dass alles auf der Welt begrenzt, also endlich ist.

Die Welt besteht leider nicht nur aus Friede, Freude, Eierkuchen. Deshalb folgen zum Ende des Gedichte-Bandes auch wieder einige differenziertere Anmerkungen; so zum Beispiel zur Bedeutung des Verzeihens, eine kritische Hinterfragung des augenblicklichen Demokratie-Verständnisses und warum fast überall nur noch von „Kampf" gesprochen wird.

Mein Wunsch ist es, zum inneren Frieden, der die Basis ist für den äußeren Frieden, zu Verbundenheit, wie auch einem kritischen Bewusstsein beizutragen.

Ich wünsche dir ein offenes Herz und eine freie Seele beim Lesen, auf dass du zum Botschafter für eine bessere Welt wirst.

Eckart Warnecke

Übersicht

Sonnen
seite

1 Sonne

Wie lang hat man sich jetzt schon nach Urlaub
gesehnt
und unter Freunden die Ziele erwähnt.
Vorfreude auf Strand in den Hinterköpfen,
so steckt es seit Jahren in vielen Geschöpfen.
Die Sonne ist Freundin, doch birgt sie Gefahren,
zu sehen verstärkt in den letzteren Jahren.
In früheren Zeiten nicht viel nachgedacht,
hinaus schnell ins Freie, die Sonne sie lacht.
Doch heute, da macht die Erkenntnis sich breit,
andauerndes Braten, das ist nicht gescheit.
So sich auch hier das Prinzip wieder zeigt,
das Maß an Problemen es heute ansteigt.
Die Leichtigkeit ist fast auf der Strecke geblieben,
in früheren Jahren, es ward übertrieben.
Die Sonne ist wichtig, in Maßen genossen,
Doch Handeln wie früher, das bleibt uns
verschlossen.

Glück

2 Den Augenblick festhalten

Wie flüchtig so ein Augenblick
Vergeudet Zeit kehrt nie zurück
Vergänglichkeit, welch böses Wort
Gerad' noch da, schon ist man fort

Das was man hat, es ist so schön,
ach, möge dies doch nie vergeh'n
die Jugend müsste ewig dauern
schon bald beginnt man nachzutrauern

Die Gegenwart möcht' fest man halten
Doch ständig gilt es umzuschalten
Drum hört auf Buddhas weise Lehren,
nutzlos ist sinnliches Begehren

beseelt
Lieben
Freuen
Toll
helfen

3 Sein Lachen wiederfinden

Urlaubsreisen in die Ferne
Oder brav zu Hause bleiben
Beides wünsch ich mir so gerne
Julistrahlen einverleiben

Durch den Wald spazieren gehen
Gutgelaunt am Baggersee
Dankbar in die Wolken spähen
Dort gefällt mir, was ich seh‘

Fahrradfahrten durch die Heide
Blicke in die Weite schweifen
Goldig-gelb wächst das Getreide
Fröhlich manches Liedlein pfeifen

Oberkörper hüllenlos
Einfach handeln wie man will
Picknick auf verstecktem Moos
Dort wird uns're Seele still

Alltagssorgen ganz weit weg
Alte Liebe neu entfachen
All‘ das hab ich hier an Deck
Einfach leben um zu lachen

In der Stille
spricht Gott

4 Lobgesang nach ganz Oben

Ich fühl' mich heut' wie neu geboren
Hab gespürt, dass es dich gibt
Weiß, die Welt ist nicht verloren
Deshalb hab ich dich so lieb
Hab vor Ängsten oft gefroren
Jetzt herrscht häufig Sonnenschein
Hab dich für mich auserkoren
Bin gefestigt, nicht allein
Auf mich warten frohe Stunden
Hast mir Zuversicht gegeben
Das Bewusstsein hab' gefunden
Wofür es sich lohnt zu leben
In den ganzen langen Jahren
Nur geahnt, dass es dich gibt
Jetzt die Wirklichkeit erfahren
Bin komplett in Gott verliebt

5 Heilende Botschaft

Wie kann es mir gut geh'n
Wenn andere leiden
Verblendetes Wegseh'n
Mag uns unterscheiden

Das Ziel unseres Daseins wir selten durchblicken,
es gilt, das Bewusstsein sanft weiter entwickeln.
Erkennendes Denken wird erst mal schockieren,
denn Leere und Trauer beginnt man zu spüren.
Beginn' doch dem and'ren die Hände zu reichen,
den Mangel durch Hingabe auszugleichen.
Durch Spaß am Verzicht dir die Freiheit erlangen
Im Festhalten-Wollen nicht länger gefangen
Aufhören damit, sich selbst zu belügen
Und folglich der Welt manches Leid zuzufügen
Beginne mit Freude ganz viel abzugeben,
und dadurch die Seligkeit in dir beleben.
Das Glück wartet darauf, dass wir es erwecken;
durch heilsames Handeln die and'ren anstecken.
Der tieferen Wahrheit du kannst kaum
entrinnen:
Stärke das Gute, was schlummert tief drinnen,
gut wär's, wenn wir uns auf dies hier besinnen:

DESHALB:

Es kann uns nur gut geh'n
Wenn and're nicht leiden
Verbindung statt Weg-Seh'n
Das kann Gott gut leiden.

beginne
Heiterkeit
zu wagen!

6 Mit Leichtigkeit durch den Juli

Ziellos durch die Straßen schlendern
An den süßen Kugeln schlecken
Dies passiert in allen Ländern
Lebensgeister zu erwecken
Mädchen in verträumt Gewändern
Einzig Ziel, die Jungs zu necken
In den Haar'n mit bunten Bändern
Woll'n nicht länger sich verstecken
Rasch verliebt, kein Bock auf Gendern
Sonnenkraft mag dies bezwecken
Warum sollt' man dies verändern
Sommer ist halt Honigschlecken
Leichtigkeit an Spielfeldrändern
Lustvoll schmausen, Gutes schmecken
Sich jetzt zähl'n zu Kostverschwendern
Spät im Herbst gilt's abzuspecken

7 Sommergewitter

Wieder mal sitzend am Waldesrand
Genießend die Ruhe, die Düfte, die Sicht.
Etwas zieht auf, bin noch ziemlich entspannt
Natur und Ambiente, es ist ein Gedicht.

Plötzlich ganz anders sich alles anfühlt,
die Tierwelt entschwindet, in der Ferne ein Grollen,
die Luft wirkt nun deutlich herunter gekühlt
vielleicht sollt der Warnung ich Achtsamkeit zollen.

Die Zeit, sie steht still in stummer Erwartung,
am Himmel der Donner kommt bösartig näher.
Die Hütte dort hinten, sie bietet mir Schutz,
so werde ich folglich zum achtsamen Späher.

Nun wird es recht stürmisch, die Bäume sich biegen,
das Tröpfeln setzt ein, erst freundlich und sacht,
Blitze vom Himmel herunter sie fliegen,
welch herrliches Schauspiel, für mich wie gemacht.

Der Sturmwind er peitscht, die Hölle geht auf,
persönlich geschützt, noch auszuhalten,
Sommergewitter, es nimmt seinen Lauf,
welch eine Dynamik Natur und Gewalten.

Der Sturm langsam schwächelt, bin ziemlich ergriffen,
von Ruhe nach Sturm man allgemein spricht,
genau dies setzt ein, der Regen wird leiser,
nach Hause zu gehen, das mag ich noch nicht.

Auf einmal scheint sich das Ganze zu drehen,
schau auf das Ereignis vor mir fasziniert,
kommt noch mal zurück das Gewittergeschehen,
welch höhere Macht hat dies inszeniert?

Ein letztliches Donnern, versiegende Tropfen,
die Bäume des Waldes, sie saugen sie auf.
Beginn' mir die Nässe vom Stoff abzuklopfen,
der Kreislauf des Tages, er nimmt seinen Lauf.

Süße
Träume

8 Die Nächte und die Plagen

Wenn Ängste dir die Nachtruh‘ rauben
Gedanken aus dem Nichts aufstauben
Obwohl nachts Ruhe herrschen soll
Zumal die Tage sind recht voll
Du wünscht dir, einfach dazuliegen
Um nur genügend Schlaf zu kriegen.
Erholung ist der Nächte Ziel
Doch du verspürst davon nicht viel.
Im Schlaf der Kopf schön frei sein sollte
Vergessen, wo man bisher grollte.
Am Abend sich darnieder legen
Und seinen müden Körper pflegen.
Nur bitte keine bösen Träume!
Nicht grübeln, was ich wohl versäume!
Drum ist es gut, auf Schlaf zu warten,
im Geist den schönsten Märchengarten.

Woanders
WEITER LEBEN

9 Der Ahnen gedenken

Dass wir wie früher der Ahnen gedenken,
geht leider uns Menschen auf Dauer verloren.
Dies könnte uns wichtige Eindrücke schenken,
auch wenn deren Seelen schon längst neu
geboren.

Wir tragen ein Stück weit das Gen in uns drinnen
Gesundheit, Gestalt und auch manche Gefühle
Dem Karma des Daseins, kann niemand
entrinnen
Das Schicksal bewegt sich im Kreislauf der Mühle.

Dies schlau integriert heut‘ in Taten umsetzen
Als Basis für's Leben das Wissen der Alten
Bewahrendes Handeln jetzt wieder wertschätzen
Nur so lässt sich Zukunft in Liebe gestalten.

10 Mein Pfad der Selbsterkenntnis

Es fällt mir arg schwer, mich selbst zu begreifen,
will mich auch nicht auf was Falsches versteifen.
Deshalb die Suche seit etlichen Jahren,
was lenkt mich, was früher mir ist widerfahren?

Landläufig heißt es, „Erkenne dich selbst!“
Was ist, wenn du nie eine Antwort erhältst?
Ein Rückblick auf Teile des jüngeren Lebens,
kann sicherlich helfen und ist nicht vergebens.

Schon eine Geburt kann Richtung dir geben,
hat starken Einfluss aufs weitere Leben.
Auch manche OP, wohl nötig gewesen
Zum Glück war man davon recht bald schon genesen.
Wohl dennoch ein Trauma blieb still in mir haften,
war schwierig im Leben für mich zu verkraften.
Was hat Erziehung mit mir angestellt?
Die Eltern, sie war‘n keine Menschen von Welt.
Die Schule hat mich sicher vieles gelehrt,
hab dennoch gezweifelt, oft lag ich verkehrt.

War kritisch geworden beim langen Studieren
So mancherlei Ansicht, nur schwer zu kapieren.
Für Jahre den Nachrichten blindlings vertraut
Inzwischen bei Vielem den Haken durchschaut.

Erkannt manche Lüge, man setzt sich zur Wehr
Dem Ganzen vertrauen, das fällt mir heut schwer.
Am Anfang verbunden, dann Gott abgelehnt
Im späteren Leben die Einheit ersehnt.

Darum alles betrachtet zusammen genommen,
so ist es bis heute wohl mit mir gekommen.
Im Rückblick betrachtet, ich komm nicht umhin
Das Suchen beendet nach tieferem Sinn.

BUDDHA-STONES
SEELEN-
VERBUNDEN

11 Wahre Liebe

Ich möchte' so gerne bei dir schlafen,
auch wenn es Schwierigkeiten gibt,
der Himmel wird uns nicht bestrafen,
ich bin total in dich verliebt.

Schon morgens mich die Sehnsucht peinigt,
hab' dich zu lang' nicht mehr berührt,
fühl mich von innen her gereinigt,
das Schicksal dich zu mir geführt.

Das Glück, so tief geliebt zu werden,
in vielen Büchern stand's geschrieben,
welch' and're Ziel besteht auf Erden,
bis jetzt verborgen mir geblieben.

Wenn deine Hand die meine hält,
mich warme Seligkeit durchflutet,
erleb ich diese and're Welt,
so dass mein Herz nicht länger blutet.

LACHEN

12 Die Liebe erfahren

Wie schön, die Liebe zu erfahren
Geschieht zumeist in jungen Jahren.
Doch auch im Alter kann's gescheh'n,
vielleicht sogar genauso schön.

Wenn nach dem Liebsten du begehrst,
die Zweifel du im Kopf belehrst.
Wenn dich das Glück hat auserwählt,
dann jede Stunde wird gezählt.

Wie schön, den andren zu beglücken,
Zusammenhalt, das mag entzücken.
Genau das gilt für jedes Alter,
geöffnet wird der Freudeschalter.

Wenn dich das Schicksal so belohnt,
von Kopf bis Fuß wird nichts verschont.
Wenn dich der Hauch der Muse küsst,
dann weißt du, was du hast vermisst.

13 Ein heimlicher Wunsch

Ich möcht‘ mal gern nach New Orleans
Durch Straßen in geflickten Jeans
Uralten Träumen Raum zu geben
Und Dixieland dort live erleben
Möcht‘ Jazzmusik auf Straßen lauschen
Mich an dem Sound des Klangs berauschen
So lang vermisst beschwingte Töne
Musik von heute, nur Gedröhne
Chat Baker muss es gar nicht sein
Doch Tuba Skinny wär‘ schon fein
Chris Barber ist zwar nicht mehr dort
Sein Geist jedoch schwingt hier vor Ort
Bei Street Bands einfach mitzulaufen
Das Bild macht selig, nicht zu kaufen
Trompete, Waschbrett, Sousaphon
Man hört sie aus der Ferne schon

Zu schön wenn's wirklich Wahrheit wird
Und mir nicht nur im Kopf rumschwirrt
Dort spüren all' die Fröhlichkeit
Dies umzusetzen wär jetzt Zeit

ZUFRIEDEN
mit
WENIG!
Buddha-Stones

14 Unbeschwert im Paradies

Unbeschwert durchs Leben gehen
Links und rechts das Schöne sehen
Sich aufs Da-Sein zu besinnen
Hilft, sein Denken umzustimmen
Heil nicht in der Zukunft suchen
Glück im Jetzt als Sinn verbuchen
Das, was kommt, lieb anzunehmen
Sich fürs Lachen nicht mehr schämen

Leben nutzen, wie es ist
Fülle sehen, nichts vermisst
Sehnsucht nicht aufs Jenseits richten
Lieber auf Gewinn verzichten
Auch nicht auf ein Später warten
Kraft liegt hier im Weltengarten
Warum auf die Zukunft hoffen
Sein im Jetzt, es liegt uns offen

Über uns schwebt Gottes Reich
Doch auch in uns zeitengleich
Neu als Botschaft aufgetaucht
Hier ist alles, was man braucht
Sieh, im Falle eines Falles
Gegenwart, sie bietet alles
Hilfreich ist es, schlau zu werden
Auch bei Plagen und Beschwerden
Lass Erkenntnis Wahrheit werden
„Paradies liegt hier auf Erden“

Lust
+
Liebe

15 Die Freuden des Juli

Der Juli mit den langen Tagen
Verheißt, die Leichtigkeit zu wagen
Von früh bis spät
Der Missmut geht
Kein Grund, sich jetzt noch zu beklagen.

Die Sonne lacht den ganzen Tag,
auch wenn so mancher dies nicht mag
auch Regen fällt
ergötzt die Welt
die Lust, sie nimmt uns in Beschlag.

Von Depression nichts mehr zu spüren
zu gern möcht andre man berühren
kein böses Wort
hinaus zum Sport
erfreu'n am sinnlichen Verführen.

Ach, könnte immer Juli sein
Natur, sie schenkt uns Blümelein
Manch warmer Schauer
Von kurzer Dauer
Und abends, da fließt dann der süßeste
Wein.

16 Wandern in der Sommerluft

Mit freiem Blick durch die Landschaft zu gehen
Im Fokus das Schöne, das andere nicht sehen
Den Sommer zu spüren auf Hügeln und Wäldern
Nichts davon könnt man erkaufen mit Geldern
Grad wenn die Sonne die Wolken durchbricht
Du spürst ihre Strahlen auf deinem Gesicht
Spürst endlich wahre Verbundenheit
Mit dem was hier ist im grünlichen Kleid

Oft möchte man weiter, doch bleibt man mal steh'n
Das Wunder der Schöpfung genauer beseh'n
Den Blick auf Natur den Kopf leeren kann
Ach wie ist das schön, fangt auch damit an
Hier und da mag ich das Laub rascheln hören
Kaum menschliche Töne die unnütz mich stören
Auch wenn ein paar Tropfen den Körper berühren
Ist immer noch besser als Abgase spüren

Vor mir die Kiefern, da hinten die Eiche
Ich kann dir versprechen, von dir nie ich weiche.
Auch wenn wir Menschen Natur jetzt verdrängen
Ich wandere weiter, lausch' lieber den Klängen
Werd' nie verlieren, die Freude am Wandern
Das Sitzen zu Hause überlass ich den anderen
Zu gehen inmitten der freien Natur
Alles so friedlich, von Zorn keine Spur

Bewegung, das wär für die meisten gesünder
Besonders für dickliche fahrige Kinder
Vor mir zwei Wiesen, dazwischen die Buche
Die Städte ich öfters voll Schaudern verfluche
Die Pferde da hinten, ich sehe sie grasen
Warum müssen die Leute alle nur rasen
Nach wenigen Tagen kehrt Achtsamkeit ein
Ihr Menschen zu Hause, ihr lebt nur zum Schein
Die Leute im Alltag, sie eilen und hetzen
Zerstören die Ruhe, die sie heimlich schätzen
Genießt doch die Freiheit in Freiheit zu sein
Zu Haus nur rumsitzen da rostet ihr ein.

17 Eine Zeit im Retreat

12 Tage den Alltag im Kloster genießen
sich stressigem Leben komplett zu verschließen
lass friedliche Themen mein Wesen durchfließen
Kein Hass, kein Gegröhle, kein Blutvergießen

Welch Freude mit anderen geistig zu plauschen
Eintöniges Leben gar sinnhaft vertauschen
Buddhistischen Mönchen gilt's achtsam zu lauschen
Kein Grund mehr für sinnloses Themenaufbauschen

Da draußen, da deckelt uns manches Kartell
Die Stimmung im Kloster sie leuchtet so hell
Die Zeit läuft zwar langsam und doch viel zu schnell
Erfahrungen heilsam, ein geistiger Quell

Ich möchte so gern alle Themen behalten
Die helfen, mein Denken nun umzugestalten
Schon viel zu lange blieb alles beim Alten
Nun hör ich auf Buddha und dessen Gewalten

Ein Narr, der falschen Verlockungen traut,
politische Führer, sie tönen oft laut
Zu schnell ist ein Glaube auf Treibsand gebaut.
Allein in der Stille die Wahrheit durchschaut

Die Einsamkeit hilft neue Wege anstreben
Sich selbst und die and'ren bewusster erleben
Keiner Verlockung sich länger hingeben
Bewirkt tief im Geiste vermehrt abzuheben

Will nicht mehr handeln im falschen Verlangen
War leider zu lange im Stillstand gefangen
Ab jetzt lebt der Geist nicht düster verhangen
Den Pfad der Erkenntnis jetzt frisch angegangen

Sie helfen uns wachsen, die uralten Lehren
Nicht länger verhaftet im starren Begehren
Das Reifen der Seele das möcht' ich vermehren
Die Weisheit des Buddha beginn ich zu ehren

Die Goldene Mitte
Wir leben doch nicht dafür, uns ständig verrückt machen zu lassen

18 Die Wahrheit wird siegen

Die Verdreher der Welt, sie scheinen zu siegen,
indem sie tagtäglich die Wahrheit verbiegen.
Lass‘ sie einfach glauben, sie hätten gewonnen;
doch da wo gewonnen, ist oft bald zerronnen.
Wahrheit und Weisheit sind stärker als Wissen.
Noch halten sie Stand, die alten Kulissen.
Bleib bei der Wahrheit, nichts kann irritieren.
Auch wenn die Verdreher noch stark agitieren.

Vergib‘ ihnen später dann all‘ ihre Taten,
sie haben womöglich ihre Seele verraten.
Die Wahrheit geopfert für Hetze und Gier,
du trägst deine Klarheit tief drinnen in dir.
Die Wahrheit, sie wird diese Zeit überleben,
Der Rückblick wird später dir Redlichkeit geben.

QUER
STELLEN

19 Der Plan und die Viren

Der Plan lag parat schon seit etlichen Jahren,
erkennbar bestritten die Macht der Gefahren.
Erforscht und entwickelt im neuen Verfahren,
welch‘ würdelos-schauriges schlechtes Gebaren!
Jahrzehnte vergingen, um sie zu entdecken,
alles getan, dies geschickt zu verstecken.
Bestrebt, einen fälschlichen Eindruck zu wecken,
das Spiel mit der Angst, es wirkt ums Verrecken.
Künstlich erzeugt in getarnten Laboren,
zur Beherrschung der Welt dies einst auserkoren.
Geheime Elite, so still und verschworen,
doch eigentlich stimmt es, so handeln nur Toren.
Drum wehrt euch, ihr Leute, mit gutem Gewissen,
verlasst eure wärmenden Ruhekissen,
beginnt neu zu denken, vielleicht auch gerissen
und traut euch, die Fahnen des Anstands zu
hissen.

Verbundenheit

20 Über das Sterben

Wer will schon gern sterben, das ist doch klar
Und dennoch passiert es, verstärkt Jahr für Jahr.
Erst spät wird erkannt, dass wir sterben müssen
Oft vergeblich gehofft, die Muse zu küssen.
Verändern, verwandeln, die Einsicht kommt spät,
zumeist erst wenn's Ende des Lebens ansteht.
Deshalb mein Rat, er mag dich begleiten,
bemüh' die Erkenntnis, am besten beizeiten:

Sorg jetzt für Bewusstheit, dein Körper möcht
strahlen!
Ergreif jetzt die Chance, sonst folgen bald
Qualen!

Tu nur noch genau was dein Herz heut dir sagt,
zu oft bereits hattest du dies ja vertagt!
Tu auch mit Vernunft, was deine Seele verlangt,
du bist viel zu oft schon am Außen erkrankt!
Tu das, was sich jetzt für dich richtig anfühlt,
du hast viel zu lange die Zeit schon verspielt!
Tu was für andre, Verbindungen suchen,
sonst hilft es nicht wirklich, das Karma zu
buchen!

Und kommt dann die Zeit, von dannen zu gehen
Verlässt deine Seele das Erdengeschehen
Sieh friedlich zurück auf ein glückliches Leben
Du hast dir bestimmt alle Mühe gegeben.

HOFFNUNG
Schöpfen

21 Was es bedeutet zu Leben

Zeit als Teil der Ewigkeit
Dies zu erkennen und dann auch zu wissen
Erwachet beizeiten, seid jetzt schon bereit
Um gar nichts am Ende bereuen zu müssen

Das, was tief in euch im Seelengrund liegt
Dabei vernebelt, ganz heimlich versteckt
Durch Anhaftung ihr euch nur selber betrügt
Der Geist tiefer Weisheit bleibt in euch verdeckt

Den Sinn des Lebens kaum ernsthaft gesehen
Das Sein stark begrenzt, es nie klar empfunden
Geglaubt, es würde wohl endlos so gehen
Doch längst ist gezählt die Zahl eurer Stunden

Das Leben kommt, das Leben geht
Und dennoch für euch ohne wirklich zu enden
Oft die Erkenntnis, sie kommt ziemlich spät
Dein Schicksal, so ist es, hat Gott in den Händen

Wie oft schon erschienen in menschlicher Hülle
Dabei nie durchschaut uns're kosmische Wahrheit
Jetzt neu inkarniert zu suchen die Fülle
Den Wunsch unserer Seelen erkennen in Klarheit

Platz der Opfer des
Nationalsozialismus
VERZEIHEN
Lernen

22 Über das Verzeihen

„Verzeih' mir, brutal war ich früher gewesen,
hab es nicht besser gewusst und gewollt,
war grob und auch dumm, komplett unbelesen,
bis eines Tags Tribut hab gezollt.

Sehr spät erst erkannt meine Missetaten,
indem ich in Schritten mich selbst reflektierte,
mein Umfeld, das musste gar jahrelang warten,
jetzt bin ich erschrocken, was alles passierte.

Nun langsam durchschaut den Sinn eines Lebens,
dass wir uns verstehen als Kinder der Liebe,
das Dunkle der Tage, es war nicht vergebens,
ach, wenn es doch friedlich und liebevoll bliebe."

Licht-
arbeit

23 Kontakt zu Gott

So weit entfernt und doch fraglos verbunden
An dich zwar geglaubt in den einsamen Stunden
Geträumt, gehofft und oftmals gelitten
Vielleicht auch gezweifelt, was hat mich geritten

Hab dich heut‘ getroffen, obwohl nicht gesucht,
hatt‘ heimlich und leise mein Schicksal verflucht
Hab gar nicht gemerkt, wie ich wurde geführt
Hatt’s so nicht erwartet, jetzt bin ich berührt

Im Rückblick erkenn‘ ich die himmlischen Pläne
Durchschau‘ das Erlebte in jeglicher Szene
Verbunden am Anfang, dann langsam entfernt
dies hab ich in Demut vom Leben gelernt.

....

Erneut weit entfernt und doch ständig
verbunden,
hatt‘ dich ganz vergessen in freudlosen Stunden.
Wie oftmals auch früher geträumt und gelitten,
nun wurde erhört, die Vielzahl der Bitten.

Ich fühl mich geschützt, ich hab dich erreicht,
drum wird mir die Seele ganz schwebend und
leicht

AUF-
RICHTIG-
KEIT

24 Demokratie - aber bitte

Demokratie ist, wenn das Volk regiert
Ward schon in Griechenland kreiert
Man war vor zwei mal tausend Jahren
In bester Absicht gut gefahren
Moralisch im Zusammenleben
Dem wollt' man eine Basis geben.
Das Volk vertraut aufs Delegieren
Um seinen Wunsch zu etablieren

Doch heut', was ist da nur passiert
Das Grundprinzip, es wird negiert
Es wird zwar weiterhin gewählt
Doch dann die Stimme wenig zählt
Denn erst mal an die Macht gekommen
Wird das Kommando übernommen
Von Oben wird jetzt vorgegeben
Wie wir in Zukunft sollen leben

25 Warum nur immer „Kampf“

Überall wird das Wort „Kampf“ heut‘ verwendet
Was wird durch die Wortwahl latent so gesendet?
Schon lang wäre wichtig sich einzugestehen,
Beendet den Kampf, es muss andersrum gehen!
Wer dies nicht erkennt hier im jetzigen Leben;
Dem möchte ich nun ein paar Beispiele geben:

Nehmen wir mal den Kampf gegen‘s Vergessen
Sehr oft sind Menschen heut davon besessen
Oder den Kampf, den Kampf gegen den Hunger
Doch macht das die Ärmsten wirklich gesunder
Es heißt zu bekämpfen, den bösen Feind
Das geht dann solange, bis Tränen man weint
Kampf gegen allerlei Suchtverhalten
Es hilft nicht, dies phrasenhaft nur zu verwalten
Kampf für das Wohl und mehr Kinderrechte
eher durchschaubare Nebelgefechte
Kampf darum, niemand mehr auszubeuten
Das ist kaum beliebt bei den reicheren Leuten
Kampf um mehr Einfluss, Größe und Macht
Hat gar keinen Sinn, wir sind zu verkracht
Kampf um die Rohstoffe in fernen Ländern
Am Ende jedoch wird das kaum etwas ändern
Kampf gegen die Armut auf unserer Welt
Doch leider, so hört man, das kostet viel Geld
Kampf gegen Terror der Rechten und Linken
Wo will man beginnen, Gesinnungen stinken

Kampf gegen Corona und andere Viren
Danach die Konzerne seit Jahren schon gieren
Kampf um den Erhalt der Demokratie
Hat viel zu tun mit Angsttherapie
Kampf um das narrativ-richtige Denken
Viel eher sollten wir Liebe verschenken
Kampf gegen mögliche Fake-Informationen
Hört auf, beginnt uns damit zu verschonen
Kampf gegen die wachsende Geld-Inflation
Das hatten wir früher doch alles auch schon
Kampf um das Überleben auf unserer Erde
Gleichzeitig erschafft man noch weitere Herde
Kampf gegen das nationale Bestreben
Viel besser wär es, Kontakte beleben
Kampf gegen das drohend-globale Erwärmen
Gefragt ist mehr Weisheit, das sollten wir lernen
Kampf gegen den jetzigen Klimawandel
Bekämpft doch viel lieber den weltweiten Handel
Kampf gegen das Denken der Leute von rechts
Teil eines sinnlosen Abwehrgefechts
Kampf den Verfechtern von links außen weit
Auch dort gibt es viele, die sind sehr gescheit
Immer nur Kampf in unseren Köpfen
Führt zur Verrohung in allen Geschöpfen
Immer nur Kampf, das kann Gott berichten
Dies würde am Ende die Schöpfung vernichten
Kampf tut nie gut, dass sollten wir merken
Lieber das Mitgefühl in uns verstärken
Lauschen, was andere uns sagen wollen
Statt gleich schon am Anfang ihnen zu grollen
Nicht über andere sich vorschnell empören
Erkennen, dass alle zusammen gehören

Zum Autor:

Sonniges und Sinniges entstand überwiegend zum Ende des Frühlings 2024, wobei viele Sommergefühle und Aspekte in die Verse und Gedichte im Vorausblick eingeflossen sind. Ich habe mich hier einiger spezieller Themen angenommen. Schlafprobleme, Demokratie, Erleben eines Sommergewitters, Gewalt und anderen.

Was mir selbst auffällt, ist der Umstand, dass sich etliche neue Erfahrungen meinerseits um Gott und christliche Spiritualität drehen. Danke an Moni aus Schorndorf, Monika aus Sterzing, an Günther, Peter, Eckhardt, Andrea sowie meine Schwiegermutter in Italien. Vielleicht liegt es daran, dass man selbst älter wird. Oder aber daran, dass Humanität und Friedfertigkeit angesichts der Entwicklung hier auf der Erde dringender denn je neu aktiviert werden müssen.

Juli – die Sonne lacht, es ist warm, die Lust regiert, genau so sollte es sein. Das Leben ist doch viel zu kurz, um dessen Zeit zu verschwenden mit Depression, Kriegen, Habgier und vielem mehr.

Eckart Warnecke

Weitere Veröffentlichungen des Autors:

Corona Tagebuch (Bd. 1)

Ein persönliches Tagebuch, das mehr und mehr zu einer Entdeckungsreise wird, zu Informationen, die es nie in die Hauptmedien geschafft haben, jedoch eine ganz andere Wahrheit aufzeigen, als sie uns bisher präsentiert wurde.

Den Corona-Irrsinn chronologisch ab 2019 nachgezeichnet.

Das Buch öffnet die Augen auf wichtige Teile davon. Erkennen, was alles hinter den Plänen der Mächtigen steckt. Aufwachen, um die Wahrheit zu erkennen. Kaum zu glauben, dass die Machenschaften nicht schon längst aufgedeckt wurden.

ISBN: 9783756824199

Auch als E-Book erhältlich!

Corona Tagebuch (Bd. 2)

Man hatte geglaubt, gehofft, das Ganze wäre zu Ende, aber es ging weiter. Wurden wir hinters Licht geführt? Gab es eine „Pandemie der Ungeimpften"? Ein Buch gegen das Vergessen. Schon kurz nach dem Erscheinen des Buches wurde es zu einem Zeitdokument - ein Dokument, dessen ideeller Wert erst in später Jahren so richtig zu Bewusstsein kommen wird.

ISBN: 9783734709579

Bald erhältlich!

Corona Tagebuch (Bd. 3)

Wie konnte man da nur mitmachen

Weitere Veröffentlichungen des Autors:

Momente im März
Das Dunkle endet, das Lichtvolle setzt ein.
Freude, Wärme und Entwicklung für die Psyche,
aber auch ein wenig Kritisches für unser Bewusstsein –
„Nahrung“ also für Geist und Seele.
„Die Natur, sie beginnt langsam aufzublöhen,
hilft, neue Lebenskraft zu versrpühen.“

Dieses Buch können Sie bestellen unter der E-Mail-Adresse des Verlags: zwei-ecken-verlag@posteo.de

---

ISBN: 9783754338315

Momente im Oktober
Sich selbst Raum nehmen. In Ruhe entspannen und den Moment genießen.
Entstanden ist der Band innerhalb einzelner Momente eines Oktobers.
„Lassen Sie sich entführen, in eine Zeit die nur für Sie gedacht ist.“
Finden Sie warmherzige Texte und Hilfestellungen für Ihren Alltag.

Momente im November

60 Seiten, die die November-Energie aufgreifen: Zur Ruhe kommen, aber nicht verzweifeln, das Düstere annehmen, aber es nicht dabei belassen, es nehmen als Grundlage und Voraussetzung für einen positiven Aufbruch. Poetische Gedanken zum Wandern in der Natur, um Engel, um schwermütige Stimmungen und die Hoffnung auf hellere Tage, darum was politisch unrund läuft und um Sehnsucht auf das Licht, welches bald auftauchen wird. ISBN: 9783757882846

Momente im Dezember

Das Jahr geht zu Ende. Weihnachten steht vor derTür. Besinnlichkeit - Was ist das? Alle reden davon, aber bekommen wir das hin? Der Monat der ‚Weihnacht' - der ‚Heiligen Nacht'. Verse und Gedichte, die diese Momente einfangen, die anregen zum Nachdenken und zur Freude auf das, was vor uns liegt. Nahrung für die Seele, zum Anschalten, zum Ankommen.

ISBN: 9783758312281

Der Malerweg

Unterwegs zum inneren Frieden

Der Malerweg Acht Wander-Etappen auf den schönsten Pfaden durch die Sächsische Schweiz im Süden Dresdens; und das auf den Spuren berühmter Maler. Perfekt geeignet um Stress abzubauen und den Kopf wieder frei zu bekommen. Motto, Von der Getriebenheit des Alltags hin zu Ausgeglichenheit und innerlichem Frieden.

ISBN: 978-3-7543-7898-4

Neuauflage „Reiki – Der zweite Grad“

Bei diesem Buch handelt es sich um eine Weiterentwicklung des Bestsellers ‚Reiki-Der zweite Grad‘. 20 Jahre nach dem ersten Erscheinen hat Eckart Warnecke hier in dieser Neuerscheinung nicht nur die Ursprungsausgabe komplett überarbeitet und aktualisiert, sondern durch mehrere neue Kapitel erweitert.

Hinzu kommen aus aktuellen Anlässen Kapitel zu Themen wie ‚Reiki mit Kindern‘, ‚Burn-out behandeln und verhindern‘ oder auch ‚Die Angst vor Vergänglichkeit und Tod überwinden‘. ISBN: 978-3-96051-274-5

Die Geschichte einer Schule im Umbruch – Rebellieren oder anpassen? Schulalltag in unruhiger Zeit

Uelzener ‚Lausbubengeschichten' aus dem damaligen Jungengymnasium. Die Zeit der ‚68er' wird wiedererweckt. Das Ganze angereichert durch einige historische Begebenheiten aus der Zeit, als die Schule vor gut 50 Jahren in das heutige Gebäude umzog.

Wo gibt es das noch heute, dass ein Lehrer aus dem Fenster fällt und kurz darauf wieder auftaucht? Oder dass eine kleine selbstgebastelte ‚Bombe' im Musikraum hochgeht? Und wer ahnt heute, dass das HEG erst durch ein Missverständnis zu einem ‚Gymnasium' wurde?

ISBN: 978-3-947379-21-7

Wandern als Meditation „Der Malerweg"

Ein Buch, das aufzeigt, wie man Stress und Burnout durch gezieltes Pilgern abbauen kann.

Platz für eigene Gedanken: